당신의 꾸준함이
언젠가 세상에 환히 빛나길 바랍니다.

이게 다 일요일 때문이야(문고판)
ⓒ 장형준

발행일 | 2025년 08월 07일(입추)
지은이 | 장형준
발행처 | 인디펍
발행인 | 민승원
출판등록 | 2019.01.28.(제2019-8호)
전자우편 | cs@indiepub.kr
대표전화 | 070-8848-8004
팩스 | 0303-3444-7982

정가 | 13,000원
ISBN | 979-11-6756728-4(03810)

이 책은 저작권법에 따라 보호받는 저작물이므로 무단 전제와 복제를 금합니다.

이
게

다,

일
요
일

때
문
이
야
.

장형준 두번째 이야기 :)

목

차

밀당-12

비(Rain)-13

체기-14

계란말이-15

흔한 이별-16

기억의 습작-17

단단한 취미-18

소란-19

명동콜링-20

싸이월드-21

봄밤-22

내적관종-23

지안(至安)-24

80%-25

봄바람-26

드라마-27

노란 집-28

지독히도 외로운건-29

자만추-30

조각나버려-31

카네이션 - 32

이문세 - 33

정직 - 34

살벌한 게임 - 35

사랑의 온도 - 36

커피 - 37

물고기 - 38

흠 - 39

장면 - 40

굽신 - 41

우울의 정도 - 42

진실게임 - 43

호우주의보 - 44

한우 - 45

굿나잇 - 46

굿모닝 - 47

좋아하는 장소 - 48

너랑 나 - 49

비온 뒤 맑음 - 50

꾸준함 - 51

음_파 - 52

하루 끝 - 53

별똥별 - 54

자유형 - 55

치열한 가을 - 56

수열일지 - 57

명암 - 58

스트레스 - 59

면접 - 60

제자에게 - 62

평영 - 63

1순위 - 64

고민방치 - 65

자책 - 66

우울을 즐기는 법 - 67

Moonlight - 68

크리스마스니까 - 69

내일의 내게 - 70

감동이란 게 - 71

말(호야) - 72

시상식 - 73

이별 극복 - 74

자극과 반응 - 75

마지막 소원 - 77

꽃 한송이 - 78

자발성 - 79

어른이 날 - 80

너희들의 의미 - 81

송별회 - 82

남들을 지우는 방법 - 83

두 손 꼭 잡고 - 84

취중진담 - 85

솜사탕 - 86

웃는 얼굴 - 87

어른들의 우정 - 88

부러움 - 89

좋아하는 MBTI - 90

하루 끝 - 91

이게 다 일요일 때문이야 - 92

극복 - 93

D-day(수상구조대) - 94

곁에 - 95

소나기 - 96

기회와 운, 그리고 겸손 - 97

울보 - 98

꿈 - 99

우습지 - 100

감사한 질문 - 101

찰나 - 102

보여줘 - 103

작별 - 104

미담과 칭찬 - 105

아무렇지 않은 게 아닌 - 106

그런 날엔 - 107

젊음 - 108

본성 - 109

제주와 나 - 110

마녀의 기준 - 111

우매한 사랑 - 112

갓(god)생 - 113

하오 - 114

말 - 115

바다 같은 아이 - 116

되감기 - 117

만세 - 118

양말 - 119

믿을만한 어른 - 120

투정 - 121

수학여행 - 122

외적인 것이 주는 충여함 - 123

숲 - 124

덕싯(행복) - 125

12월 - 126

눈비 - 127

크리스마스 케이크 - 128

2024 - 129

1월 1일 - 130

도돌이표 - 131

브라보! 마이 라이프! - 132

괴물(영화) - 133

내가 사는 이유 - 134

4등(영화) - 135

굳이 - 136

달집 - 137

걱정정리 - 138

대나무 - 139

오히려 좋아 - 140

바람의 온도 - 141

자기애 - 142

엄마의 사주 - 143

말을 옮긴다는 건 - 144

먹구름 - 145

결이 같은 사람 - 146

가을이 주는 온도 - 147

센서티브 - 148

비교 - 149

소용돌이-150

추억은 아무런-151

꼬리-152

콩그레이츄레이션-153

기대라는 언덕-154

웃으며 할 수 있는 이야기-155

1등-156

1년-157

망상-158

합격과 당첨-159

소심한 사람들의 용기-160

2년(졸업)-161

또 한번 사랑은 가고-162

한 끗 차이-163

이년에, 인연을-164

봄의 한계-165

행복의 근원-166

예의 -167

네 행복관-168

아침형 인간-169

진짜 마음-170

생각회로-171

물 위에 떠 있는 것들-172

시선의 채-173

작
가
의
밀

'착하다, 성실하다, 노력파네,'
이런 말들이 조금은 멋이 없고, 매력이 없다고 느끼며 살았던 적이 있었습니다.
착하기보다는, 조금은 얄밉더라도 내 이익이 우선이었으면 했고,
'성실하다'는 말은 어쩐지 답답한 사람 같기도 했고,
노력보다는 타고난 머리로 비상하는 사람이 더 멋져 보이던,

비록 조금은 손해를 보더라도,
조금은 답답해 보이더라도,
비상하지 않더라도,
제가 가진 것들을 소중히 간직하고
오랜 시간 조용히, 그리고 꾸준히 다듬어 오다 보니,
결국에는 제 꿈도 이루고, 작가로서의 두번째 꿈도 이루는 날이 오더라고요.

이렇게 감히, 두번째 책까지 세상에 내보이게 됐습니다.
제가 가진 것들이 빛을 발하기 시작하니,
그건 '용감함'이라는 이름으로 바뀌어 있더라고요.
여러분의 마음속에도 조용히 '용감함'으로 자라고 있을
그 소중한 무언가가 분명히 있을 거예요.
그것들을 믿고 오늘 하루도 열심히 살아가 주길 바랍니다.

밀당

친구와 카페에서 대화 중, 친구 폰에 뜬 카톡 알림.
미리 보기에 뜬 톡 내용을 확인한 후,
다시 핸드폰을 뒤집어 놓더라.

왜? 답 안 해? 안 해도 되는 내용이야?
그건 아닌데, 너무 바로 하면 없어 보이니까.
....

없어 보이지 않아요.
밀당은 '카톡'으로 하는 게 아니에요.
없어 보이는 게 아니라,
그 사람 기억 속에서
아예 없어질 수도 있다는 사실을 잊지 마세요.

밀당은 오프라인에서만 해주세요.
적당히.

비(Rain)

'비가 내린다'가 아니라
비가 '온다' 아니, '오신다'라고 표현해야 할거 같아.

얼마나 반가운지
얼마나 소중한지,
지금 내리는 이 비가 말이야.

이유 없이 내리는 비가 아니라
분명 이렇게 어렵게 비가 오시는 데에는
이유가 있을 거니깐
그 이유가 마치 '나'인 것만 같으니까

가끔 이런 말도 안 되는
착각이 나를 또 살게 하니까.

체기

유독
3,4월에 잘 체한다.
원체 빨리 먹는 식습관도 문제지만
팽팽한 기싸움에 늘 날세워져 있는 신경 탓이 크다.

아무런 과학적인 효과가 입증되지 않은
바늘로 나를 찌름으로써 체기를 내리곤 한다.
날카로운 바늘한테 내 신경은 힘도 못 쓴 채
시원한 트림과 함께 어느 정도 수그러든다.

더한 고통이 와야지만
지금 내가 느끼는 통증은 먼지보다 못한 거라는 걸
깨닫는 어리석은 사람이구나, 아직도

계란말이

정말 오랜만에 엄마가 해준
계란말이를 먹었다.

넣을게 파밖에 없다면서-
냉장고에서 계속 계란말이에 넣을
다른 재료를 찾으셨다.

결국,
달랑 파만 썰어서 만든
엄마표 계란말이.

'너무 맛있다, 엄마.'
이 말을 끝내 하지 못했고
정말 너무 맛있어서
그냥 모든 게 죄송했던

아들로서

흔한 이별

지금까지 살면서 해보지 못한 게 많다.

그 흔한 담배도 한번 안 펴봤고,
그 흔한 염색도 한번 안 해봤다.
그리고
그 흔한 이별도 한번 못 해봤다.

새로운 사람으로 쉽게 잊히는
그럴 수 있는 이별 말이야.
나만 어려웠던

기억의 습작

내 기억을 적어본다.

적으면서도
내 기억에 솔직하지 못하네
혹여나 누군가 들여다볼까봐,

그날의 꿈만같았던 그 기억들이
너한테는 그냥 그저 그런 기억일까봐

네가 볼까봐
최대한 담백하게 그날의 기억을 적어본다.

단단한 취미

단단한 취미를 가진 사람을 보고 있으면
동경심이 든다.

흔히들 말하는 본캐, 부캐 중
'부캐'가 단단한 사람 말이야.
물론, 본캐가 있다는 전제하에

자신의 취미가 '사랑'이라고 말하는
그 당당함에 동경해 참 많이 들었던 그 노래

이제서야,
나도 조금은 내 취미가 단단해진 거 같아.

어렸을 때부터 참 많이도 물어봤던 질문 중 하나인
'취미가 뭐예요?'란 질문에
생각만 하다 끝났던 내가 말이야.

소란

고요한 내 마음에
소란을 일으켜 줄

적막한 내 마음에
소란을 일으켜 줄

황폐한 내 마음에
소란을 일으켜 줄

누군가가
무언가가
어딘가가

필요하고
해야하고
가야했다.

명동콜링

'오, 달링'으로 시작하는 이 노래를 듣고 있자면
생각나는 사람이 있다.

크리스마스에 명동을 가본 적이 있었던가
더더욱 그 아이와는 가보지 못했던 그곳이

이 노래를 들을 때마다
너와 난 살짝 거리를 둔 채 걷고 있으며
영화 같은 풍경은 배경이 되어
그렇게 내 기억은 조작된다.

갑자기 조작된 추억들이
춤을 추기 시작하는

이 요망한 노래를
넌 꽤 오래 카톡 배경음으로 해놨었지.

싸이월드

싸이월드 복원으로 난리다.

내 대학시절 추억을
두 눈으로 마주하기 직전이다.

어쩌면 한없이 움츠리고 다녔을
대학생활을 누구보다 활짝 피고 다니게 해 준
그녀들에게 오랜만에 안부를 전해야겠다.

흑역사 사진들을 보내며
수많은 대화 끝에
꼭 이 말을 전하려고

고마웠다고.
덕분에,

싸이월드 사진첩이 복구되는 시점을
올해 봄의 시작으로 정해야겠다.
곧, 봄이 올 것만 같다.

봄밤

분명 4월인데,
4월의 낮은 여름이다.

온전히 봄을 느끼기 위해
봄 잠바도 걸치고
봄밤을 즐기러 나가본다.

분홍빛에 물든 벚꽃은 볼 수 없지만
봄 내음과 함께 불어오는 봄바람이 더 좋기에

그렇게 나의 밤은
너희들의 낮보다 아름다웠다.

내적관종

관심은 받고 싶은데
관심을 받아 본 적 없어
조금만 관심을 줘도 벽을 쳐버리는 너

그 벽을 허물고 싶어
수천 번 꿈틀거리는 네 관종력을
오늘도 삼켜버리고 마네

그렇게 커져가는
네 내적관종이 언젠가는
반드시 폭죽처럼 터져
밤하늘 별보다 더 반짝이길

일요일 때문이야-23

지안(至安)

나와 연결되어 있는 모든 것들을
조금씩 놔주는 연습을 해야 한다.

내가 가진 물건들이 버거워 버려도 봤고,
내가 줬던 관심들이 부담돼 떠나보내기도 했고,
내가 품었던 사람들에 지쳐 다치기도 했다.

물건이든,
관심이든,
사람이든,
조금씩 조금씩 놓아주는 연습을 수없이 해왔지만

아직도,
못 놓고 아등바등하고 있는 건,
내 마음이더라.

마음을 비우는 게 너무나도 힘이 든다.
내가 정한 잣대를 허무는 게 말이다.
어렵사리 굳게 마음먹고 세운 내 잣대들을
이제 와서 이렇게도 허물려고 하는지

나도 잘 모르겠다.
그냥 마음이 편안했으면 좋겠다.

80%

핸드폰 충전을 어떻게 하고 계시나요?
매일 자기 전 충전기에 꽂아두고 주무시나요?
일어나 100% 완충되어 있는 핸드폰을 본 후
하루를 시작하시나요?

100% 완충은
핸드폰 배터리 수명을 빨리 닳게 한다고 하네요.
20%를 채우려 애쓰지 마세요.
이미,
80%만으로도 하루 일과를 쓰기엔 충분하거든요.
핸드폰 배터리처럼 우리도 80%만 채우기로 해요.

나를 싫어하는 사람들,
내가 저지른 오늘 실수들,
어제 못한 것에 대한 후회들,
우주먼지만도 못한 고민들,

이러한 것들을 없애고
100%로 만들려고 애쓰지 마세요.
이런 것들은 어쩜 2%도 안될 거예요.
200%로 느껴지는 이러한 것들을
없애기 위해 20%의 전력을 낭비하지 마세요.

봄바람

살면서 스쳐간 수많은 사람들에게
차갑지도, 뜨겁지도 않은
딱 지금 부는 봄바람의 온도로
남아 있는 사람이고 싶다.

살면서 스쳐갈 수많은 사람들에게
가볍지도, 무겁지도 않은
딱 지금 부는 봄바람의 무게로
남겨지는 사람이고 싶다.

드라마

자극적인 내용으로
사람들을 자극시키는 건 너무 쉽잖아.
평소 내가 느낄 수 없는 감정들에 신기하기도 하고
그런 소재부터가 이미 반칙인거지.

일상적인 내용으로
사람들을 자극시키는 건 너무 어렵지.
평소 내가 느낄 수 있는 감정들에 물보라를 일으켜
마치 내가 느끼는 아무것도 아닌 일상을 극화시켜
보잘것 없는 나를 주인공으로 만들어 버리니깐.

'나만 그런게 아니였구나.'하는
또 한번의 안도감을 주는 그런 드라마를 만드는
'박해영' 작가의 드라마가 참 좋다.

노란 집

나도 '고흐'처럼 노란 집을 짓고 싶다.

친구라 부르기도,
애인이라 부르기도,
가족이라 부르기도,
부족한 사람들과 함께 살 노란 집.

무조건 나를 응원해 주고
나를 채워줄 수 있는 사람들과 함께 살
그런 노란 집을 짓고 싶다.

서로를 조건 없이 응원하고,
떠난다고 귀를 자르거나 하지 않고
그저 추앙한 것만으로 만족할 수 있는.

지독히도 외로운건

인간이 지독히도 외로운 건
사랑받지 못해서가 아니라,
사랑을 온전히 주고 싶어도
받을 상대가 없어서라더니.

자만추

자연스러운 만남을 추구합니다.

참, 줄여도 잘 줄였고
만들어도 잘 만들었네.

세상에서
제일 어려운 건
아마도 자연스러운 건가 보다.

그러고 보니,
뭐하나 자연스러운 게 없네.
나조차도.

조각나버려

지금 바라보는 이 바다를
너와 함께 본다면 얼마나 행복할까?
물론 이렇게 메시지를 보내고 있는
지금 이 순간도 너무나 행복해.

햇빛에 파도가 부서지는 건지
파도에 햇빛이 부서지는 건지
모르겠지만, 산산조각 난 조각들이
참 이쁘다. 마치 너 같어-.

카네이션

여름에 피는 꽃.

5월부터 여름이 시작되는
살짝 말이 안 되는 이 지구에서
지금 즈음 활짝 펴야 할 꽃인데,

인간으로 인해
사계절 내내 피는 꽃이 돼버렸다.

'소중함, 감사함' 이런 것들이
사계절 내내 스며들어 있어서 인지
지나치고, 모른척하는 날이 많아진다.

무슨 무슨 날이 많은 5월이다.
그냥 5월에만 활짝 피게끔,
내버려 뒀다면 5월을 이렇게
아무렇지 않게 흘려보내진 않을 거 같은데

그냥 좀 내버려 뒀다면
'감사한 것'들에 이 지경까지 무뎌지지 않았을 텐데.

이문세

'말 한마디로 천 냥 빚을 갚는다.'
어제 이문세 공연을 보고 새삼 다시 한번 깨달았다.
그의 본업은 '가수'이다. 물론 말을 잘해 mc로 데뷔를 하긴 했지만
당연히 노래를 못하고 말만 잘했다면 이렇게까지 성공하진 못했을 거다.
말빨로 자신이 하고자 하는 노래를 이어가기엔 분명 한계가 있었을 테니깐.

공연 도중 관객과 소통하는 시간이 있었다.
30대 초반 여성이 선택됐고, 공연 소감을 물었다.
그러자 그 여성은 1의 망설임도 없이 '노래를 잘하세요!'라고 대답했다.
이문세를 포함해 그곳에 있던 관객 모두는 크게 웃어버렸다.

너무나 당연한걸,
마치 mc에게 '당신, 노래도 잘하네요?'
라는 느낌으로 말해 우르가 웃은 게 아닐까?
어쩌면 가수라는 직업을 가짐으로써 해야 할
당연한 노래 실력을 인정받았기에 그가 가지고 있는 말의 센스 또한 빛나
11년 동안 어두운 밤을 목소리 하나로 환하게 비춘 건 아닐까,

내가 그토록 아이들에게 강조한 기본.
그 기본이 갖추어져야
네가 가진 다른 매력들이 빛을 볼 수 있다는 말.
'기본이 없으면, 특별함도 소용없다'라는 이 말을
공연을 보는 내내 지울 수가 없을 정도로
멋있는 분을 너무나도 가까이서 뵙고 왔다.
5월 어느 날 밤에, 엄마랑.

정직

살다 보니,
정직한 건,
내 몸무게뿐이더라.

지랄맞게도.

살벌한 게임

내가 사랑받고 있음을
확인하는 방법은 여러 가지가 있다.

그중,
가장 어리석고 살벌한 게임을 즐기는 편이다.

상대에게 화를 냄으로써,
이 상대가 내 화를 어디까지
받아줄 수 있는지를 확인한다.
점점 화의 강도를 높임으로써 상대를 지치게 해,
결국은 내가 버려지는
이 지긋지긋한 게임의 룰은 단 하나.

절대 나는 너를 버리지 않는다는 거.

사랑의 온도

사랑은 식기 마련이다.

차디차게 식는 걸 막기 위해
그나마 너와 나는 노력이란 걸 한다.
그 노력이 서로의 기준에 못 미친다고 느끼는 순간
우리의 사랑은 식어버리고 만다.

노력이라는 온도차가
사랑을 유지하기에 너무 클 때.

커피

커피는 향만큼 맛있지가 않아.

향은 참 고소하고 은은하게 달기까지 한데
그 기대로 마신 첫 한 모금이 주는 씁쓸함에
적잖이도 배신감을 느꼈었지.

그래도
하루를 빠짐없이 배신감 가득한 커피를 마시는 데는
언젠가는 내가 기대한 맛을 느끼게 되는 날이 오지 않을까?
하는 기대감이겠지.

커피는 절대 변할 일이 없을 테니,
그런 날이 오려면 내가 많이 성숙해져야겠지
오랜 정성과 노력으로 볶아지는 원두처럼.

물고기

너라는 바다에 들어간 게 아니라
빠졌다고 느꼈을 때

네 안에서 헤엄치는 게 아니라
허우적거린다는 걸 깨달았을 때

마주 보기가 역겹고
혼자서는 절대 깰 수 없는 유리벽으로
사방이 막혀있다고 느꼈을 때

죽을힘을 다해 뛰어내려
올려다 본 넌,

바다가 아니라
작디작은 어항이더라.

다시는 돌아가고 싶지 않은
돌아갈 수도 없는
한때 내 전부였던

흠

아끼는 옷에
아주 희미하게 무언가가 묻은 걸 발견했다.
그 먼지만 한 얼룩이 신경 쓰여 급한 맘에
물티슈로 빡빡 지웠더니, 색이 빠져버렸다.
결과적으로 눈에 띄지 않았던 작은 얼룩을 지우려다
누구나 다 알아볼 수 있는 얼룩으로 키워버렸다.

내 작은 흠은 어쩌면
나한테만 신경 쓰이는 걸지도 모른다.
그 작은 흠을 없애려고 너무 애쓰다 보면
나는 물론, 주변 사람들마저 지치게 할게 뻔하기에
혹, 상대의 흠을 발견하더라도 우리 서로
모른척하기로 하자. 정말 작은 흠일뿐이니.
서로의 흠을 발견하려고 애쓰지도 지우려고도 말자.

장면

살아가면서 수없이 많은 장면을 보게 된다.

그중,
순간 멈칫하는 장면을 마주할 때가 종종 있다.

오늘은
다리가 살짝 불편한 부인 손을 꼭 잡고
그녀의 폭에 맞춰 나란히 걷고 있는
할아버지에게 시선이 갔고 그대로 내 마음은
쿵 하고 내려앉아버렸다.

이렇게 마음이 아려오는 장면을 마주할 때면
정답이 없을 줄 만 알았던 수많은 물음들에
어쩌면,
대답을 할 수 있을 것도 같은 느낌이 들곤 한다.

굽신

'길 때 바짝 기자.'
내 삶의 모토(motto) 중 하나이다.

살면서 적당한 굽신거림은
어느 정도 필요하고 제법 유용하게 쓰인다.

상대가 나보다 잘나서가 아니다.
내가 상대보다 못나서가 아니다.

별거 아닌 일에 개거품무는 그들에게
사회에서 인정이라곤 받아 본 적 없는 그들을 위해
오늘 한 번쯤은 내가 대우해 주자.

나한테 호탕하게 소리치게 허락해 주자.
꽤 불쌍하니까.

우울의 정도

타의로 인해 우울해하지 말 것.

사람은
가끔, 몸과 마음을 가라앉힐 필요가 있다.
필요로 인해 우울해지자.

우울의 정도는
내일이면 털어버릴 수 있는 가벼움이 적당하다.

내일이어도 이 우울이 지속된다면
주변을 둘러보고, 그 관계를 정리하도록 하자.

그 관계가 사람이든 뭐든지 간에.

진실게임

진실을 털어놓는 사람이 이기는 건가요?
그 진실에 상처받는 사람이 지는 거고요?

누가 보지 않는 내 일기장에도
가공된 진실을 쓰고 있는데,

많은 사람들 앞에서 진실을 털어놓는
이 게임에 죽어도 이길 자신이 없어요.

지기 싫으니깐
아니, 상처받기 싫으니깐
진실 속 슬픈 주인공이 되지 않게
우리 서로 진실을 숨긴 채 게임을 하도록 해요.

호우주의보

호우주의보는 갑자기 찾아옵니다.

살아가면서 호우주의보에
매일 대비하면서 사는 사람은 없을 거예요.

비를 맞아 온몸이 젖고,
거센 바람에 내 모든 게 쓰러질 수도 있어요.

호우주의보는 그렇게 갑자기 찾아오고
대부분 사람들은 당할 수밖에 없어요.

확실한 건,
금방 끝난다는 거예요.
그리고 내 머리 위로만
호우주의보가 발령되지 않는다는 거

두 가지 사실만으로도
충분히 세상은 살만한 거 같아요.

한우

한우와 수입산 소고기는
별차이 없다하시면서
본인들은 미국산 소고기를,
내겐 한우만 주구장창 구워주셨다.

몸과 마음이 와르르 무너져 버려서인지
별말 아닌 말에,
정말 미국산 소고기와 별차이 없을
한우를 먹으면서 눈물이 맺혔다.

굿나잇

점점 조용해진다.

파도 소리는 더 선명하게 들려온다.

새벽에는 비가 내린다고 한다.

파도 소리에 잠들고,
빗소리에 잠에서 깨는 그런 선물 같은 내일이
기다려진다.

모두, 굿나잇.

굿모닝

좋은 아침이길 바란다.

잘 잤기를,
나쁜 꿈을 꾸지 않고
밤새 뒤척이지도 않고
새벽에 깨 울지 않았길

언제부턴가
듣지도 말하지도 못했던 '굿모닝'이란 말을
조카가 와있는 동안 하루도 빠짐없이 해줬다.

정말 잘 잤기를 바라는 진심을 담아

듣지는 못하더라도
이 말을 해줄 수 있는 것만으로도
우리의 밤이 평온했다는 증거가 되니깐
그것만으로 내 삶은 충분하다.

좋아하는 장소

좋아하는 장소가 몇 군데 있어요.

비가 오면 생각나는 곳도 있고,
그 아이가 떠오르면 생각나는 곳도 있어요.

그 장소에 가는 이유는
목적이 있어서가 아니라,
그냥 생각이 나서 가는 거예요.

목적이 있어야 가는 곳보다는
문득 생각이 나서 가는 곳이
점점 많아졌으면 좋겠어요.

그만큼 삶이 여유로워졌다는
또 다른 증거가 될 테니까요.

너랑 나

날 사랑한 만큼
널 사랑했다면

한 번 더 붙잡았을 거고
한 번 더 미안했을 텐데

널 사랑한 만큼
날 사랑했다면

쉽게 이겨냈을 거고
쉽게 잊혀졌을 텐데

이제 와서
너랑 나 중 누굴 더 사랑했는지
재보는 난,

누굴 더 사랑한 걸까?

비 온 뒤 맑음

그래,
더도 말고,
덜도 말고
내 삶도
날씨만 같아라.

꾸준함

난,
한결같이 부지런하고
끈기가 있는 사람이다.

매일같이 운동을 하고
매일같이 글을 쓴다.

내가 무언가 꾸준히 하는 데에는
다 이유가 있다.

난,
기적을 꿈꾼다.

내 꾸준함이 언젠가는 기적이 되는
그 순간을 위해서 말이다.

음_파

수영에 1도 관심 없는 사람들도 알고 있는
수영만의 호흡법, 음! 파!
'음'에 코로 숨을 내쉬고
'파'에 입으로 숨을 마시는

모두의 공식인 음파가
내겐 맞지 않다는 걸 깨닫고
나만의 호흡법을 조금씩 찾아가고 있는
수영 일주일째.

그래,
시간이 흘러 결국엔 '음파'가 맞았구나,
할 수도 있을 거야.
그래도 어쨌든 지금은
나만의 호흡법을 믿고 싶어.

숨 쉬는 게 이렇게도 힘든 일이었지.
여기가 물이든 아니든
나만의 호흡을 잘 다듬어 앞으로 나아가야지.
지상에서보다 더 자유로울 수 있게

오늘도
내일도
음_파!

하루 끝

하루에도 시작과 끝이 있어요.

그냥 아무 의미 없이 하루를 흘려보내나요?

달리기하듯이
하루의 시작과 끝을 정해주세요.

그렇게 조금은 긴장하면서
하루를 보내보면

지금처럼 아무 의미 없이
흘려보내지는 않을 거예요.

적어도 하루 끝에는
하루 시작을 떠올리면서 보내줄 거예요.

그리고
잠도 잘 올 거예요.

별똥별

별똥별을 봤다.

아직도 별똥별을 보고
흥분을 감추지 못한 채
나도 모르게 두 손을 모으는 건,

아마도
그건
사랑이지 않을까

그 대상이
나든지 너든지

자유형

인생 처음
물속에서
자유를 느꼈다.

수영 3주 차
자유형 성공!

심지어 자세도
좋다고 하셨다

물속에서
칭찬과 박수를
받고 나니 알겠더라.

왜
고래가
춤을 췄는지 말이야.

치열한 가을

가을방학이 없는 게
내심 아쉬웠던 학창시절을
보냈고,

가을방학이 없는 게
살짝 아쉬운 직장생활을
하고있다.

아쉽게만 했던 가을이
이제는 치열해졌다.

나에게 올 해 가을은
너무나도 치열하다.

내 인생에
감사히 오는 기회들을
하나도 놓치지 않고
이 즐거운 치열함을 맘껏 누려야 겠다.

반가워,
치열한 가을아.

수영일지

새벽에 수영을 가면 할아버지, 할머니들이 많이 계신다.
지금까지 마주친 어르신들 모두 애석하게도 친절하지 않으셨다.
물론, 이 나이에 수영이 처음이라 실수한 게 많았지만 말이다.
실수 백 개 정도 해도 우리가 생각하는 할머니, 할아버지는 웃으면서
자세히 알려줬을 거 같은데 너무나도 차가웠다.

그러던 오늘,
두 할아버지의 대화에서 조금은 차가움을 녹일 수 있었다.
샤워를 마치고 한 할아버지께서 본인보다 조금 더 나이가 많으신 할아버지
께 '체력이 좋다며, 평소 관리를 잘하셨다고!' 칭찬을 하셨다.
그러자 조금 더 나이가 많으신 할아버지께서
바로 대답하셨다.
'체력이 좋은 게 아니고, 우리 부모님이 나를 잘 낳아주셔서 그런 거야!'
질문을 했던 할아버지께서 말을 이으셨다.
'그거야! 당연하죠! 그렇지만 그렇게 훌륭한 그릇을 깨트리지 않고,
지금까지 잘 닦아 관리한 게 그게 대단하다는 거죠! 하하하!'

할아버지께서 부모님이 많이 보고 싶으셨구나.
두 분의 대화에 끼어들어
꼭 해주고 싶었던 말을 삼킨 채 수영장을 나왔다.
코끝에 온 가을 탓인가, 괜스레 훌쩍거려본다.

두 분 다 너무 존경스럽습니다.

명암

우리의 눈은
색보다는 밝기 즉,
명암을 먼저 인지한다.

모든 것에는 순서가 있기 마련인데
먼저 인지하는 명암은 잊힌 채
다채로운 색들에 현혹되고 만다.

어쩌면
밝고 어두운 정도도 구분 못하면서
화려한 색들만 찾았을지도 모른다.

눈을 감고 마음을 다듬고
천천히 눈을 뜨면서
명암을 인지해 보자.

그렇게 연습하다 보면
내 마음의 어두운 부분도
언젠가는 다채로운 색들로 채워지지 않을까.

스트레스

스트레스는 수용성이래요.

그래서
영화를 보고 눈물을 흘렸고
새벽마다 수영을 가나 봐요.

매일매일
스트레스를 물에 녹여버리니
인생이 아름다울 수밖에요.

면접

서류의 진위 여부와
그 사람의 분위기를 파악하는 시간

어조와 말투
그리고
태도와 방식을 알 수 있다.
흔히, '톤 앤 매너'라고 부른다.

우리가 알고 있는 유명 기업들은
고유의 '톤 앤 매너'를 가지고 있다.
즉, 한마디로 '컨셉'이라고 볼 수 있다.
내가 지금 와있는 스타벅스는
'초록색'이 주는 이미지의 컨셉을 가진다.

면접은
수많은 아이들의 '컨셉'을 확인하는 시간이다.
짧은 인생을 살아오면서 만들어진 개인의 컨셉.

다양한 컨셉을 가진 아이들을 만났고,
단연, 눈에 띄는 아이들의 컨셉은 확실하다.

적당히 높은 어조
바람직함이 묻어나는 말의 습관들
당당함에서도 드러나는 예의 바른 태도

예리한 눈빛
미소 유지를 위한 입꼬리
전반적으로 당당함을 보여주는 표정들에 홀려
넋을 잃고 바라보다 면접이 끝날 즈음
자연스럽게 아이들의 손쪽으로 내려간 나의 시선.

세상 꽉 쥔 주먹을
무릎 위에 올려놓고
조금의 쉼 없이 떨고 있는 아이들의 손.

순간 머릿속이 하얘진다.
그렇게 떨고 있을 줄은 상상도 못했기에,
그냥 아무런 말도 하지 않고 다가가
꽉 쥔 주먹을 펴주고 싶었다.
무언가를 그렇게 꽉 움켜잡기엔
아직도 너무나 여리고 작은 손이었기에.

제자에게

나만 힘든 거 같다는 생각에
힘들어하지 않길.

그 어떤 물체도 힘을 받지 못하면
앞으로 나아갈 수 없듯이

주변의 압박도
나에게 주어지는 힘일 수 있으니

그 힘듦을 탓하지만 말고
앞으로 나아가기 위한 힘이라 생각하자.

내가 지금 힘들다는 건
내가 지금 잘하고 있다는 거니깐.

한숨 한번 푹 쉬어주고
다시 시작해 보자.

평영

발을 접을 때는 힘을 빼고
발을 필 때 힘을 줘야
앞으로 쭉 나가는 영법이다.

평영이 잘 되질 않는다.
폼은 그럴듯한데
앞으로 나아가질 않거나 매우 더디다.

오늘에서야 알게 됐다.
힘을 빼야 할 접을 때에도
안간힘을 주고 있더라는걸.

친구에게 어제의 고민을 털어놓자
'흐르는 데로 살아'라는 답변을 받았다.

적어도 흐르는 데로
물살을 따라 앞으로 나아가려면
힘을 빼야 할 때에는 빼야 한다는 걸 알게 됐다. 평영처럼.

어제 같은 일에도
내가 조금만 힘을 빼고 편하게 받아들였음
서로를 아프게 하지 않았을 텐데

평영을 잘 하는 날이
빨리 왔으면 좋겠다.
힘을 빼야 할 순간을 알고 뺄 수 있는 그런 날.

1순위

내가 먼저 사랑인 걸 알았을 때에는
'네'가 1순위였고,

서로 사랑임을 확인했을 때에는
'우리'가 1순위였지.

나만 사랑하고 있다고 느꼈을 때에는
'내'가 1순위였더라.

우리가 헤어진 이유.

고민방치

'고민이 있어요.'
'제 고민 좀 들어주실래요?'
'고민을 해결하고 싶어요.'

고민을 하거나 해결하려고
애쓰지 마세요.
고민을 그냥 방치해두세요.

그렇게 방치해둔 고민들이
썩어 사라질 때까지 말이에요.

우리가 하는 고민의 99프로는
썩어 사라져도 그만인 것들이니까요.

자책

자책하지 마세요.
나를 꾸짖거나 나무라지 마세요.
오늘의 실수에 반성만 해요.

자책하지 마세요.
나를 못마땅하게 여기지 마세요.
오늘의 잘못을 숨기려 애쓰지 마요.

그러다 보면
내 실수와 잘못에도 웃어줄 거예요.

나를 미워하지 말아요.

우울을 즐기는 법

우울감이 밀려올 때
이때다 싶어,
'우울'을 즐기기 시작한다.

한없이 바닥으로 꺼진다.
일부러 슬픈 노래를 듣고
일부러 슬픈 영화도 본다.

우울을 즐기는 데 있어
반드시 지켜야 할 한 가지는
절대 남한테 피해를 줘서는 안 된다.

그렇게 바닥을 본 다음
가슴 뭉클한 시집을 찾아 읽는다.
그럼 다시 수면 위로 올라와
편하게 숨을 쉬곤 한다.

Moonlight

달빛이 너무 이뻐
찍어본 사진을
아침에 다시 보니

하나같이 다
초점이 흔들린 흐린 사진뿐이네

운 건 난데
왜 카메라도 이 모양 이 꼴이었는지
하.

크리스마스니까

내 마음을 전 할 수 있는
수많은 기회가 있었지만
바보같이 놓쳐버렸다면
어쩜 이번 12월 25일이
마지막 기회일지도 몰라.

시간과 장소는 상관없어
매시간, 모든 거리마다
울려 퍼지는 캐롤과 조명들이
서로의 마음을 녹여버릴 거고
그 어떤 고백에도 울컥할 거야.

꼭 사랑고백이 아니어도 말이야.

내일의 내게

잠들기 전
내일의 내게 말을 건네본다.

조금은 더 힘을 내보자.
조금은 더 용기 내보자.
조금은 더 좋아해 보자.
조금은 더 노력해 보자.

그리고
내일의 나를 만날 수 있다는 사실에
감사하며 잠을 청해본다.

감동이란 게

감동이란 게, 말이야
나이가 들수록 무뎌지고 사라져 가는
그런 수많은 감정 중 하나였지, 하고
별 대수롭지 않게 여겼어.

덩그러니 놓인 케이크 앞에서
고마운 마음을 감동으로까지 이어가기엔
힘든 나이가 됐다고 생각했어.
그런 무형의 감정들 앞에서 늘 나이가 이겨왔고.

그런데 말이야,
작은 선물에도 꼭 코멘트를 달아주는 섬세함이랑
꾹꾹 정성 들여 눌러쓴 손 편지가 주는 따뜻함이,
작은 행동 하나에도 크게 반응해 주는 관심들이
쌓이고 쌓이다 보니 한 해가 끝나가는
12월 끝 무렵에서야 감동으로 다가와
코끝이 찡해지더라고.

감동이란 게, 그런 거더라고.

꽃말(호야)

'아름다운 사랑'이래요.

2023년에는
당신 옆에 있는 누군가와
아름다운 사랑하길 바라요.

어느 날,
문득 바라봤을 때, 괜스레 시들해 보이고
축 처져 보인다면 주저 없이 연락 한번 줬으면 해요.

아무렇지 않게,
작년 같은 공간에 있었을 때처럼 말이에요.
작은 관심들이 모여 아름다운 사랑을
꽃피울 테니까요.

많이 고마웠고,
많이 행복했습니다.
아프지 말고 우리 또 만나요.

경포고를 떠나며_

시상식

티비 하나 제대로 볼 수 없었던 그 시절
12월 말이면 늘 눈치를 보면서
연말 시상식을 조용히 보곤 했다.
유독 그날따라 더 빛이 났던
좀처럼 공통점은 1도 찾아볼 수 없었던
그들을 보면서 나는 무슨 생각을 했을까.
감히 그들과 같은 삶을 살겠다고 꿈꿨던 그 시절을
악착같이 버티고 또 버텼더니,
그들이 하나도 부럽지 않을 만큼 빛나고 있더라고.
내년에는 또 어디서 반짝거릴지 기대되는 내 인생.
다들, 해피 뉴 이어!

이별 극복

이별 극복 따위는 없어.
그냥 미친놈처럼 울고불고 그리움에 치이다 보면
극복까지는 아니더라도 순간 잊히더라고.
그러다 새로운 사람이 나타나면서 가슴 한편에
새겨지는 거고, 다 그런 거야.
힘든 게 당연한 거임. 응원한다!
지금 그 열렬한 사랑에 빠진 아름다운 제자야.
부럽다.

자극과 반응

자극과 반응 사이엔
공간이 있다고 해요.
우린 생물이기에,
모두 자극에 반응을 하는데요.
그 사이 공간을 어떻게 채우느냐에 따라
내 인격, 내 인간관계, 내 삶이 바뀌더라고요.

아,
물론 그 사이 공간이 아주 작아
채울 틈도 없는 반응도 있겠지요.(무조건 반사)

예를 들어,
올해 내게 주어진 자극이 '시험'이라고 해볼까요,
반응은 '합격' 아니면 '불합격'일 거예요.
그 사이 공간을 어떻게 채울까는
내가 선택하는 거예요.

그 공간을 채우는 데 얼마나 노력했냐에 따라
반응은 바뀔 거예요.
합격한 사람에게는 자연스럽게 물을 거예요.
'공간을 채우는 자기만의 비법이 있었을까요?'
하지만,
불합격한 사람에게는 아무도 묻지 않을 거고요.

당연한 거예요.
'왜, 사람들은 결과만 중요시할까?

내 과정은 왜 빛을 못 보는 거야.'
라고 절망하신 적 있을 거예요.
내 과정이 빛을 발하려면
사람들이 원하는 반응이 나와야 하는 거예요.
그러니, 너무 서운해하지 마세요.

그런 무관심이 또 하나의 자극이 될 거고
나만의 공간을 허무느냐 아니면,
더 견고하게 나만의 공간을 만들어가냐는
오로지 내가 선택하는 거니깐요.

내 공간을 많은 사람들에게
꼭 보여주는 그런 날이 오길 바라요.

마지막 소원

그런 건 없어.
우리의 욕심은 끝이 없을 테니까.

꽃 한송이

꽃다발 하나 받기 어려운 이 시대 교직생활에 있어
너는 참 외로이 잘 버텨주는구나
내 마음이 부끄러워질 만큼 말이야.

자발성

노력도 자발성 없이는 아무런 힘이 없다.

내가 교사가 된 것도
내가 책을 낸 것도
모두 자발성에 노력이 더해진 값진 성취들이다.

노력만으로는 안되는 게 분명 있다.
그건 바로 자발성의 부재 때문이다.

자발성을 찾아야 한다.
'내가 대학을 가야만 하는 이유,
내가 이 일을 계속해야 하는 이유,
내가 너를 사랑해야 하는 이유'
아무리 찾아도 보이지 않는다면
과감한 선택도 분명 필요하다.

단,
과감한 선택에는 책임도 어마할 테니
그 모든 책임을 견뎌내려면 아마
엄청난 노력으로 인한 단단한 마음이
준비돼야 할 거야.

어른이 날

어른이 날도 없는
어른에게 너무 많은 게 요구된다는
생각이 들어,

난 아직도 말이야
세뱃돈도 받고 싶고
레고 선물도 받고 싶은데

주기만 하는 어른이 된 거 같아
뭐 주는 게 나쁘다는 건 아닌데
주고받으면 좋잖아.

나도 받고 싶어.
어른이 날이 있었으면 좋겠어.
생일도 어른이라고 안 챙기는 이 세상에 말이야.

너희들의 의미

옷깃만 스쳐도 인연이라는데,
우리는 얼마나 많은 옷깃을 스쳤겠어.

어떻게
너희들에게 의미를 부여하지 않을 수 있겠어.

작은 거 하나하나에 의미 부여하는
그런 어른이 되고 싶진 않았는데,
너희들이 어떻게 작은 게 될 수 있겠어.

아무리 쿨하게 보내주고
아무리 쿨하게 떠나오려 해도
쿨하면 할수록 마음은 시려오는걸.

같은 공간, 같은 시간에
우린 몇 계절이나 보내줬는데
어떻게 너희들에게 의미를 부여하지 않을 수 있겠어.

송별회

떠나는 사람을 위해
남아 있는 사람들이 위로 겸 축하해 주는 그런 자리

몸이 멀어지면 마음도 멀어진다는 이 말을
믿기 싫었지만 수없이 경험했던 진리잖아.

떠나는 정든 곳에 대한 미련을 달래고
새로운 낯선 곳에 대한 행운을 바라는

그런 나를 위한 자리가
끊임없이 예정되어 있더라.

참,
잘 살았구나.
앞으로도 잘 살아야지.라는 마음을
굳게 먹고 새로운 곳으로 나아가 보자.

남들을 지우는 방법

남들은 다 잘만 하는 거
나만 어렵고 지랄맞을 때가 있죠?

그 남들이 잘 하고 있는 게
참 쉽게 얻은 것만 같고
타고난 행운이라고 생각들 때가 있죠?

그 남들의 노력을 헤아리고 싶지도 않은
그냥 나만 모든 게 어렵다고 느껴질 때

내 노력들마저 너무 하찮게 만들어 버리는
그런 남들 말이에요.

해결법이 있을까요?
그 잘난 남들을 내 삶에서 지우는 방법 말이에요.

남들을 지울 수는 없어요. 아시다시피
그들을 지우려 노력할 힘으로
나를 더 진하게 만드는 거예요.
아주 선명하게,

남들이 희미해 보일 때까지

두 손 꼭 잡고

살면서 마주하는 수많은 풍경에
나도 모르게 코끝이 찡하고
눈물이 맺힐 때가 있다.

그럴 때마다
감정을 숨기느라,
눈물을 훔치느라,
바빴지만 오늘은 달랐다.

오늘 내가 마주한 장면은
허리를 숙이신 채로
할아버지께서 할머니 손을 꼭 잡고
천천히 걷고 있는 장면이었다.

물속이었기에
이미 내 얼굴은 물로 범벅이었기에
눈이 빨개져도 전혀 이상하지 않았기에
감정에 솔직했고 그 감정을 표출했다.

그냥
세월에 굽은 등이
꼭 잡은 두 손이
천천히 떼어 나아가는 발걸음이
아름다웠기에

취중진담

오후 10시 3분
잠시 잊혔던 이름이 핸드폰 화면에 뜬다.

늦은 밤에 갑자기 전화드려서
너무 죄송하다고,
혼자 술을 먹고 있는데
갑자기 선생님이 너무 생각나서
염치없는 거 알지만,
이렇게 술기운을 빌려 전화를 했다고

자기가 지금 가는 이 길이 맞는 건지
모르겠다며 울먹인다.
자기보다 조금 먼저 나아가는 친구들을
시기하고 질투하는 자기를 미워하는
이 착한 녀석이 자꾸 울먹인다.

계속 미안하다고 죄송하다고
내가 보고 싶다고 말하는 이 녀석이
너무 보고 싶다.
가서 꼭 안아주고 싶다.

솜사탕

어쩜 그렇게 사랑스러울까?
보고 있으면 만지고 싶고
만질 때마다 자국이 남는
보송보송한 너를 어쩔 줄 몰라
한번 꼬옥 안아보고 싶은데
그러기에도 조심스러운 소중한 너를 말이야.
그렇게 봄처럼 내 품에 스며들어
꼬물거리는 너는
마치, 솜사탕 같아.

빨강, 노랑, 파랑, 검은색, 그리고 핑크색을 띠는

웃는 얼굴

웃는 얼굴이 제일 예쁜 나이가 있었다.

꾸밈없이 마음껏 웃어 보일 때
그 어떤 빛보다 환할 때 말이야.

지금도 맘껏 웃을 수 있는데
누구보다 활짝 웃을 수 있는데
그 밝음보다 주름에 더 눈이 가는 나이가 돼버렸다.

어느 순간
주름에 신경을 써 웃는 사진이 줄었다.
자연스럽게 그렇게 웃는 날도 줄었고.

아직 마음은
활짝 웃고 싶은데 말이야.
나이 앞에서 한없이 작아지는 내가 싫은 밤이다.

어른들의 우정

어른들의 우정을 지키기 위해서는

그 친구의 비밀을 알려 하지 말고
혹여 알았더라도 모른척해주기

네가 지금까지 내 친구로 남은 이유는
내게 관심이 없기 때문이야.

가끔 관심이 필요할 때
그땐 내가 내 비밀을 말해줄게
궁금하지도 않을 네게 말이야.

그런 네가 참 좋아.

부러움

내가 갖지 못한 걸 갖고 싶다는 생각이
모두가 가진 걸 나만 못 가졌다고 느끼게 되는 순간,

'부러움'이 되고
모두가 가진 걸 나는 '죽었다 깨나도'
가질 수 없을 거라고 느끼는 순간

공허함이 찾아와 나를 삼켜버린다
그땐,
부러운 감정조차 내겐 '사치'가 된다.

좋아하는 MBTI

좋아하는 MBTI가 생겼다.

두 개는 나랑 같고,
두 개는 다른

어느 정도의 같음과 다름에서
매력을 느꼈나 보다.

'반대가 끌리는 법'이란 옛말도
내겐 더 이상 적용되지 않는다.

완전한 반대가 주는 충격으로
매력에 빠지는 그런 나이는 이제 지났으니까.

닮고 싶은,
그래서 좋아진
그런 MBTI가 생겼다.

참고로 난,
ESF....

하루 끝

지나가는 오늘을
유독 붙잡고 싶은 날이 있다.

오늘은
이래저래 여러 의미로
붙잡고 싶은 오늘이다.

오랜만에 주사도 맞았고
눈물을 훔치기도 했고
근사한 초대를 받기까지
거기에 좋아하는 비까지 내려줬으니 뭐,

내일도, 아니 매일이
오늘 같은 오늘이었음
그 어떤 것도 용서할 수 있을 거 같은데 말이야.

이게 다 일요일 때문이야

괜히 신경이 곤두서고
멀쩡히 아무렇지 않았는데
아무렇지 않은 게 아닌 게 돼버리고
일주일 내내 안 나오던 책임감이
갑자기 불쑥 튀어나와 어깨를 짓누르고
우울이랑 거리가 먼 내가
'우울하네,'라고 입 밖으로 내뱉는 건
다, 일요일 때문이야.

내 탓, 남 탓도 하지 말라니깐,
차라리 요일 탓이나 하려고.

극복

시련과 비극 앞에서
난,
극복한 적이 없다.

어떻게 극복했냐는 질문에,
난 처참히 무너지고 바닥을 기었다고 말했다.

그 끝에서
죽을 용기가 부족해
다시 일어선 것뿐.

난, 극복한 적이 없다.
사경을 헤매다 보니 어느덧 서 있더라.

D-day(수상구조대)

드디어 오늘
수상구조대 최종 테스트 날이다.

수영을 시작한 지
1년도 안된 오늘이다.
남들 앞에 서는 게
두려웠던 시절이 있었다.
아마, 중학교 시절이었을 거다.

아주 오랜만에
그런 기분을 느끼면서
2023년 5월, 한 달을 보냈다.
덤으로 내 몸은 만신창이가 됐고

솔직히
자신이 없다.
잠영이 안된다.
물론 입영도 완벽하지 못하다.

'수영은 기적'이라는 공식이
오늘 나에게 적용될지는 모르겠지만,
불안하고 창피한 마음은 잠시 숨기고
늘 당당하고 밝았던 내 웃음만 믿고
수영장을 가려고 한다.

고생 많았다, 정말.

94-이게 다

곁에

한 사람의 좋은 점만 보고
그 점을 인정해 주는 사람들을
곁에 두고 살고 있습니다.

한 사람의 노력만 보고
그 결과를 축하해 주는 사람들을
곁에 두고 살고 있습니다.

나쁜 점, 부족한 점을
보여주기 싫은 사람들을
곁에 두고 살고 있습니다.

이런 행복까지 바란 적 없었는데
말이에요.

소나기

이번 여름엔,
일주일 빼고 비만 내린대,

여름 한철 장사하시는 사람을 걱정하고
레인부츠가 엄청 팔린 거라고 했지
그 와중에 난 비가 와서 좋다고,

그 어떤 이유 없이,
그냥 비가 오니깐 하고 싶은 것들이
많아질 거니깐

비가 오면 생각나는 김치전처럼
나도 네게 어느 날 생각나는 사람이었으면 해.

그 어떤 이유 없이 말이야.
갑자기 비가 내리는 거처럼.

기회와 운, 그리고 겸손

기회를 잡기 위해 항상
준비가 돼있어야 하고

기회를 그냥 지나치지 않게
한 번에 알아볼 수 있는 안목을 길러야 해.

또,
내게 기회를 줄 수 있는
사람들을 만나기 위해 애써야 하고

기회를 잡았을 때
끝까지 끌고 갈 수 있는 끈기도 있어야 해.

'운이 좋았다'라고 말하는 건
위 모든 과정들에게 너무나 미안할 만큼
겸손한 거야. 알겠지?

울보

시원하게 울어버렸다.

술기운을 빌려서

누가 볼까 숨죽여 울다
점점 감정이 복받쳐
'나 좀 봐주세요'하면서
두 손을 얼굴에 대고 펑펑 울어버렸다.

이 나이에
아직까지 술 마시고 처 울면 어떡해
힝.

꿈

꿈에 제가 나온 적이 있나요?

그 속에서 저는 어떤 모습이었나요?
꿈에 깨고 나서 기분은 어땠나요?
꿈에서까지 제가 나왔다면
이미 반은 제게 넘어온 거니
나머지 반은 어떻게 할 건지 고민해 봐요.

고민하다 잠들면
오늘 밤 꿈에도 제가 나올 거예요.
그럼 다 넘어온 거니, 그냥 받아들여주세요.
큐! ><

우습지

남을 웃기고 싶었지
남에게 우습게 보이고 싶진 않았다.

누구보다 그 경계를
잘 지키면서 살고 있다고 자만할 때쯤

경계를 넘어
어느 순간 우스운 꼴로 보일 때가 있다.

우습지 않게
웃길 수 있는

그런 단단하고
멋진 사람이 되고 싶은데 말이야.

감사한 질문

이 나이에
아직도
'누가 더 좋아요?'라는 질문을 받는다.

내가 뭐라고,
이런 질문이 감사해
배시시 웃으면서 '어떤 답을 해야 할까,'

좋은 답이 생각났다.
매일 보던 너희를 못 보니 보고 싶은 거고,
지금 애들은 매일 봐서 좋다고.

보고 싶은 너희들로부터
받는 질문들이 감사하고 그래.

찰나

찰나기에
찬란했을까

찬란했기에
찰나였던 걸까

찬란하면서
영원한 건 없을까

하긴,
벚꽃이 1년 내내 피어있다면
찬란했을까, 봄이.

보여줘

나와 같은 네 마음이
읽히긴 한데 보이질 않아

한 사람을 생각하며 뽑으라는 3장의 카드도
네 마음이 나와 같다는 걸 확인했지만
보이진 않아.

나와 같은 네 마음을
이젠 보여줄래? 응?

작별

'이별'이란 말은
너무 흔하니까

'작별'이라 하자.

그 어떤 것도
'우리'가 흔해서는 안되니까,

흔해 빠져 묻히지 말고
작고 소중한 별로 떠 있어줄래?

내 맘속에, 부디.

미담과 칭찬

돌고 돌아 내게 온 것 중
좋은 건,

네 칭찬과
내 미담뿐이더라.

우리가
좋은 사람이었으면 해.

우리만 보고 살지 말자.
내 미담과 네 칭찬으로

서로가 행복할 수 있게
그렇게 살피면서 살자.

아무렇지 않은 게 아닌

아침에 일어나시자마자
오랜만에 강릉에 온 아들이 보고 싶으셨는지
아직 잠이 덜 깬 다 큰 아들을 안아주신다.
엄마, 오늘 서울 놀러 가!
응, 10만원 보냈어.
잘 다녀와, 엄마.
고마워, 아들.

엄마랑 아무렇지 않게 나누는
시시콜콜한 대화들이
어느 순간부터 아무렇지 않은 게
아니게 됐다.

그런 날엔

유독 외로워,
잠도 잘 못 이루는 그런 날엔
외로워 죽을 수도 있겠구나 싶어.

외로우니깐 사람 이랬는데,
외로운 건 당연한 건데
당연한 것에 왜 이렇게 흔들리는지

흔들리며 피는 꽃 이랬는데,
이렇게 흔들리다가는 꺾일 것만 같은
그런 날엔 말야.

누구 하나 손을 내밀면
그 손을 덥석 잡고
숨겨둔 내 맘 깊은 곳까지
끌고 가고 싶은 그런 날 말야.

젊음

오늘 내가 본 젊음은
거침없이 바다에 뛰어들어가는 거였다.

오늘 내가 본 젊음은
모래 해변을 소리 지르면서 달리는 거였다.

오늘 내가 본 젊음은
소원을 묻고 답했던 지금 이 순간이었다.

함께 있는 것만으로
젊어질 수 있었던
신기하고 달콤한 여름밤이었다.

본성

늘 웃고 있다가
어쩌다 한번 화를 내면
드디어 본성을 드러내네,라고 수군댄다.

내 본성은
누군가를 미워한다거나
누군가에게 모진 말을 하지 못하는 건데

내가 화를 낸 건
내 본성이 드러난 게 아니라
네 본성에 더 이상 맞춰 주기 싫어서야.

늘 웃고 있는, 웃어야만 하는
내 본성을 믿어주고
응원해 줬으면 해.

제주와 나

늘,
혼자 다녀간 제주.

인연을 만나긴 했지만
서로 멀리 떨어져 있기에
마음만으로는 더 이상
그날 그곳의 온기를 유지할 수 없었다.

십 년 전 제주나
지금의 제주나
변한 게 없다.

그런 제주와 나의
공통점은 한결같다는 거다.
나는 변한 게 없는데
점점 주변이 달라지는 틈 사이로
바닷물이 들어와 외로운 섬이 된다는 걸.

내가 지금
외로운 섬이 되어 가고 있다는 걸
너는 알까? 알리가 없지. 그래.

매너의 기준

누가 봐도
매너가 없는 사람들 앞에서

왜 내가 주눅 들고
내가 예민한 건지를
묻고 있는 걸까.

학교 규칙처럼,
사회 매너 기준이
정해져 있으면 좋겠다.

어디에서도
적용될 수 있는,
그 기준에 벗어날 경우

당당히
내 눈살을 찌푸리게 한 행동을
멈추라고 말할 수 있게 말이야.

일요일 때문이야-111

우매한 사랑

우매했던
사랑이
어쩌면

진짜 사랑이 아닐까,

계산적이고
현실적인 그런 거 말고

어리석고
사리에 어두웠지만
돌이켜 보니,

그게 사랑이었더라.

현명하지 못했고
계산도 없었던
그 누구도 보이지 않았던
서로만 보고 살았던

우매했던 우리 말야.

갓(god)생

오늘 한 학생으로부터
'갓생'을 살고 계셔서 부러워요, 쌤!
이란 말을 들었다.

멋진 삶, 화려한 삶을 뜻하는 말인 줄 알았는데,
다시 한번 글을 쓰기 위해 검색해 보고
순간 멍해졌다.

'하루하루 계획적으로 열심히 살며
타의 모범이 되는 성실한 삶'이라 한다.
MZ 세대들이 만들어 낸 신조어라고.

멋지고, 화려한 삶이라 생각해
나를 부러워하는 거라면
조금은 부끄럽고 떳떳하지 못했을 텐데,

열심히 사는 거 하나는
일말의 부끄럼이 없기에,
난 지금 갓생을 살고 있는 게 맞네.

갓형준, 퓨!

하오

최대한 담백하고
최대한 존중하며
최대한 진실되고
최대한 절제된 내 마음을
전하고 싶을 때

끝에 붙이는 말, 하오.

감사하오.
좋은 사람 만나오.
날 잊고 사시오.
이 맘만 가져가오.

김광진 〈편지〉

말

뱉어야 할 말이 있고
삼켜야 할 말이 있다.

뱉을까, 삼킬까
고민이 들 때에는
그냥 삼키는 게 좋을 거라 믿어왔다.

좋은 게 좋은 거고
좋게 좋게 갔으면 했던
내 신조가 무너질 때가 있다.

뱉어야 할 말들이
삼켜지다 못해
새어 나오기 직전까지 와

결국 토해버리는 날에는
모든 게 다 망가졌으면 했다.

바다 같은 아이

큰 바다 앞에서
한없이 작디작은 아이야.

큰 바다 앞에서
벅차올라 크게 소리 한번 못 지르고
입 앞에 우와!라고 툭 놓아버리는 아이야.

큰 바다 앞에서
금방 부서지고 마는 파도 소리조차
무서워 뒷걸음질 치는 아이야.

작디작은 몸에
바다만큼 큰마음이 자라고 있을 너를
뒤에서 그리고 옆에서 지켜보며
기도했어.

바다만큼 사랑한다는 말에
우주만큼 사랑한다고 말해주는
바다 같은 아이야.

되감기

요즘 애들은 말이야,
되감기, 빨리 감기를 모를 거야.

맘에 드는 멜로디가 빨리 지나가는 바람에
얼마나 많이 되감기 버튼을 눌렀는지 몰라.

빨리 감기 버튼은 되감기 버튼에 비하면
많이 누른 거 같진 않아.

내 인생도 말이야,
나만 추억에 사는 거 같은 느낌이 들어.
나만. 아직도 너와의 기억을 되감는 거 보면 말이야.

만세

많이 무서웠을 인생 첫 놀이 기구 앞에서
태연한 척 씩씩한 척을 한 만세

웃고 있지만,
무서움을 꾹 참고 있는 모습이 그대로 드러났던 만세

그러다 결국
두 개의 놀이 기구를 탄 후에서야
울음과 함께 무섭다고 고백한 만세

무엇 때문에 참았던 걸까?
이 작고 작은 아이가.

그래도 끝까지 설득하고 꼬셔서
놀이 기구는 무섭지만 재밌는 거야!를 알려준 나.

그렇게 또봇 트레인까지 타버린 만세!
'만세야! 삼촌도 이건 무서운데?'
'나도 무서워! 땀춘! 그렇지만 재밌는 거야.'

응, 맞아.
조금은 무섭고 두려운 걸 수도 있어.
그걸 극복하면 재밌는 일이 될 수도 있는 거야.

사랑해, 만세!

양말

빨래를 정리하다
그동안 못 버리고 내버려 둔
구멍 난 양말들을 버렸다.

하지만
오늘도 버리지 못한 게 있다.
짝이 없는 양말들.

애초에 짝이 없었던 게 아닌,
짝을 잃어버린 양말들을 쉽게
버리지 못한 이유는

다시 잃어버린 짝이
어디선가 나타날 거라는 기대 때문에.
또 다른 이유는,
짝이 없어도 어딘가에 쓸모가 있을 거란
기대 때문에.

결국은
버려질 양말들을 이사 가기 전까지
구석에 숨겨놓는 내 마음이
구멍 난 양말만큼 쓸데 없구나.

짝이 있든, 없든 간에
오늘 가을 하늘은 유난히도
파랗고 고요하네.

믿을만한 어른

만세에게는 부모 말고,
믿을만한 어른이 있었던 거다.
감정을 토로하고, 의지할 수 있는 어른.

'삼촌 보고 싶다. 엄마랑 아빠는 화만 내고,
삼촌은 친절한대.'

너무나 감사했다.
동현이, 수보에게 믿을만한 삼촌이 있다는 것이,

삶을 살아가는데 필요한 것은 많을 것이다.
그 필요한 걸 다 해줄 수도 없고,
다 해 줄 필요도 없다고 생각한다. 하지만,
부모 외에 믿을 만한 어른이 있다는 건,
아이들에게 꼭 필요할 것이고,
아무나 가질 수 없는 행운일 것이다.

고맙다, 동생!

투정

어느 날, 흔히 '부자'라고 불리는 사람들은
과일이나 채소를 살 때 무조건 현대백화점 식품관에
가서 산다는 말을 들었다.

그 이유는 간단하다.
우리나라에서 가장 품질 좋고 당도가 높은,
가장 신선한 과일과 채소들을 우선 선별해
현대백화점 식품관으로 들어간다는 거다.

나도 모르게 눈살을 찌푸렸다.
'맛있는 과일을 고르는 법' 영상을
꽤 진지하게 받아 적어가며 본 기억 때문일까,

현대백화점 식품관에서 한 번도 과일이나 채소를
사 본 적이 없어서 일까,
흔하디흔한 과일과 채소에도 급이 있다는 사실과 그 흔한 걸 사는데도
노력해야 한다는 현실 때문일까,

난 지금도 충분히 행복한데,
과일 따위는 고민 안 하고 살 수 있는
그들로 인해 순간 내 눈살을 찌푸리게 한
그들 때문일까,

내가 사는 주변에는 현대백화점이 없으니
이마트에 가서 과일이나 채소 따위는
묻고 따지지 않고 그냥 집어 들고나올 거야, 쳇!

수학여행

2학년 부장을 맡음으로써 가장 큰 산이였고,
내가 책임자며 기획했던 수학여행이 끝이 났다.

날씨 요정이 3박 4일 내내 따라다녔고
누구 하나 다치지 않았다.
눈물을 지켜보기도 했고
눈물의 씨앗임을 알기도 했다.
더 큰 나무가 될,

철석같이 믿었지만,
또 한 번 무너지기도 했고

그래도 그들에겐
잊지 못할 추억을 선물했을 거란 생각으로
훌훌 털어버리기도 했다.

'그래도 믿어보는 게 어떨까요?' 란 말에
참았던 눈물을 쏟기도 했던,

내 맘을 너무도 편하게 했던 함께하신 선생님들과
어쩜 이래? 란 말이 절로 나올 정도로
이뻤던 너희들 덕에
이제서야 긴장이 풀리고
큰 숨을 내쉬어본다,

2023 양양고 수학여행을 마치며.

외적인 것이 주는 중요함

'맛있으니까, 예쁜 그릇은 필요 없어! 가 아닌
그릇이 예쁘니깐 더 맛있어.'

라는 말을 들었다.
내가 우리 아이들에게 늘 강조하는걸,
잘 표현한 말인 거 같아 메모를 했다.

외적인 것이 주는 중요함.
내면을 더 빛나게 해주는 것들.
결코 무시할 수 없는 것들.

3초 만에 그 사람의 첫인상이 결정된다는데
그 3초 만에 적어도 내 내면을 알고 싶게는
만들어야 하지 않을까?

화려함보다는 단정함과 깔끔함이
이쁘고 잘 어울리는 너희 나이에
어울리는 외모를 갖추길 바라.

숲

나무를 보려 하지 말고,
숲을 볼 수 있는 지혜를 가졌으면 했다.

바람에 흔들리는 가지 같은 사람이 아닌
어떤 바람에도 미동이 없는 숲 같은 사람이길
간절히 바란 적이 있었다.

나는 숲도 가지도 아닌,
가지에 매달려있는 작은 이파리였는데
감히, 숲을 닮고 싶어 했다.

떨어질 줄도 알고,
낙엽이 돼 밟힐 줄 도 아는
사람이 돼야겠다고 마음을 먹었더니

비로소 숲이 됐다.

덕싯(행복)

술래가 건넨 단어를 듣고
내가 가진 카드 중 그 단어에
가장 적합한 카드를 낸 후
술래가 낸 카드를 고르는 게임.

술래가 낸 카드를 맞추거나 내 카드가 술래가 낸 카드라 속이면
이기게 되는 그런 게임.

'행복'이란 단어가 허공에 던져졌고
내가 가진 8장의 카드 중 '행복'을 찾아야 한다.
어떻게든, 이 카드가 내게는 '행복'이라 우기면 그만.

그렇게 '행복'은 우겨가며 찾는 거야.
남의 카드에 '행복'이 있다고 부러워 말고
내 카드에 '행복'이 없다고 좌절하지도 말고
내가 가진 카드 중에서 어떻게든 '행복'을 찾으면 되는

누군가 날 대신해 카드를 내주지도,
내줄 수도 없는 온전히 내게 주어진 카드로만
'행복'을 찾아야만 하는 그런 게임.
어느 누군가는 내 카드를 '행복'카드라고
지목해 줄 수 있으니, 내 '행복'에 당당해지자.

내게 주어진 카드 속에서 '행복'을 찾듯이
매일 내게 주어진 수많은 카드들을 잘 살펴보길.
그렇게 살 길.

12월

요즘은 그래,

슬플 때 보다
따뜻할 때 눈물을 흘리곤 해.

그만큼 내 마음이
따뜻했으면 하나 봐.

마음이 시린다는 말이
너무나도 사무치는 12월이야.

눈비

눈이 되지 못할 거라면,
비도 되지 말아라.

포근하지 못할 거라면,
하얗게 물들지도 말아라.

'펑펑'이 아닐 거라면,
감히 흩날리지도 말아라.

쌓이지도 못한 채 녹아버릴
마음이었다면

내게 오지 말아라.

크리스마스 케이크

크리스마스니까
케이크를 사고 싶었다.
진열대에서 빠지자마자
채워지는 대기업에서 찍어낸
크리스마스 케이크에 질려 발길을 돌린 적이 있다.

그렇다고 인스타 감성 카페에 파는
비싸고 감성 있는 케이크를 사기엔
또, 그다지 특별함이 없다. 내겐.

특별하지도,
그렇다고 기분을 내고 싶지도 않은
그런 날인 나 같은 사람을 위해
감성 좀 빼고 화려하지도 않은
담백하고 소박한 케이크를 먹고 싶다.

케이크 한 조각에
9천원인 시대에 살고 있는 지금 말이야.

2024

고2는 고3이 됐고
고3은 성인이 됐다.

고2는 머리를 밀었고
고3은 술잔을 부딪혔다.

머리를 밀 정도의 열정으로
숨이 차오를 정도의 힘듦을 이겨내길

첫 부딪힘의 설렘으로
진정한 사랑을 해보길

나는 뭐가 되지도
밀지도, 부딪히지도 않았지만

또 열심히 살아보길

1월 1일

매일 떠오르고 빛났던 해인데
1월 1일에 떠오른다는 이유만으로
의미를 갖게 되고 빛나게 되는 게
조금은 불편했던 것 같아.

아마 한 살 더 먹는 거에 대한
반항심리 및 중2병 같은 거겠지, 뭐
내게 1월 1일은 언제부턴가
1년 중 가장 싫어하는 날이 돼버렸네.

1년 중 오늘을 버리고,
내일부터 1년의 끝자락까지
난 열심히 최선을 다해
일출도 볼 거고 소원을 빌 거니깐.

1월 1일은 버려도 괜찮아.

도돌이표

결국, 다시 제자리다.

내 인생에서
어찌 보면 가장 큰 눈보라가 휘몰아쳤고
큰 파도가 우리를 덮쳤는데
결국, 다시 제자리다.

난 눈보라에 묻힌 걸까,
아님, 파도에 덮친 걸까.

다시 제자리인 것에
감사해야 하는 건지,

더 큰 눈보라와 파도가
나를 덮칠 건지 알 수 없는 채

한 살을 더 먹었다.

브라보! 마이 라이프!

자기가 하고자 하는 바가 분명하고,
과감히 아니다 싶으면 포기하고
다른 일을 찾아 도전하는 모습이
멋져 보였고, 그 용기가 대단해 보였다.

반면,
딱히 포기할 자신도 없고,
포기하고 다른 방향으로 나아갈 용기도
없는 사람들만이 변화 없이 그 자리에
머물러 있다고 생각했었다.

그런데 말이야,
한자리에 변함없이 오래 머무는 것도
수십 번 변하는 마음속에서 굳게 지켜온 것도
이 모든 게 엄청난 용기가 필요했던 거라고.

한자리에 오래 머물러주는 거,
어쩜, 가장 멋있는 인생이 아닐까 싶어.
브라보! 마이 라이프!

괴물(영화)

내 비밀을 감추기 위해
거짓말을 하고

그 거짓말이 낳은
나만의 하얀 선 안에서

아슬아슬하게
숨기며 또 숨죽이며
살아가고 있는 괴물.

하얀 선을 벗어날 자신이 없다면,
다시 태어나야 할까,

다시 태어나 새로운 무언가
될 수 없다면 다행일지도 몰라.

조금은 더러운 흙이 묻더라도
두 소년처럼 하얀 선을 넘어가 보는 것도

그 전에
일단 후, 하고 길게 내뱉어 버리자.

내가 사는 이유

라라랜드를 다시 봤다.

2016년 내 생일날,
처음 느꼈던 그 감동을
7년이 지난 지금, 다시 그대로
아니, 더 벅차올랐던 거 같다.

'사람들은 다른 사람들의 열정에
끌리게 되어 있어.
자신이 잊은 걸 상기시켜 주니까.'

영화가 끝나고 아직까지
잊히지 않고 맴돌고 있는 대사다.

작년 한 해, 난 누구보다
열정적으로 살았고,
내 열정이 누군가에게 상기되었을 거라 믿는다.

올해는 어떤 열정을 보여줘야 할지
고민하고 실천하는 게,
내가 사는 이유 같다.

4등(영화)

늘 4등을 하지만 행복해.

난 소질도 있고 누구보다 수영을 좋아해.
1등을 향한 감독의 체벌과 엄마의 강요때문에
난 수영을 그만하기로 결정했어.

1등을 하고 싶지 않았기 때문에,
체벌과 강요를 버틸 수가 없었어.
난 그냥 수영이 좋아, 늘 4등이어도.

내가 감독한테 맞는 것보다 4등 하는 게
더 무섭다는 엄마의 말에 상처도 받았지만
그래도 엄마를 사랑해.

엄마만큼 난 수영을 사랑해.
엄마와 감독 없이 난 결국 1등을 했어.
결국 나 혼자 해냈어.

굳이

나이가 들수록,

모든 인간관계에 있어
'굳이'라는 말이 늘어간다.

그렇게 애틋하지도
그렇게 절실하지도
않은 내 마음 앞에
'굳이'라는 말을 살포시 놓아버림으로써,

나이만 한 살 더 많아진 내가 된다.

어쩌면 난,
아직도 애틋하고 절실한 내 마음을
자꾸만 숨기고 싶었을지도 몰라.

늘어나는 나이와 반대로
줄어드는 인간관계 앞에서
내가 선택한 방어책이었던,

굳이.

달집

정월대보름이라 해서
달집 태우는 걸 보러 갔다.
왜 불이 타오를 때,
'활활'이란 부사를 쓰는지 어제 알아버렸다.

액을 쫓고 복을 부르려고
달집에 불을 질러 주위를 밝히는 놀이.
마음 한켠에 태우지 못하고 남은 짐을
비로소 오늘, 태워버리고 싶었는데

결국, 태우지 못한 채
내 마음 구석에 또 쌓아놨다.
조금이라도 태웠어야 했는데

그저, 활활 타오르는 불꽃 사이로
피어오르는 흰 연기만 바라봤네.

걱정정리

남들보다 본인이 좀 더
예민한 거 같고 쓸데없는 걱정을
달고 산다고 느끼시나요?

그럼, 이렇게 한번 해보세요.
자꾸 떠오르는 걱정을 생각하지 말고
적어보는 거예요.
지금 내 상황과 내가 해결할 수 있는지를
해결할 수 없다면 없다고 적는 거죠!

그리고 다시 걱정들이 떠오르면 적어놓은 걸 보는 거예요.
아 그랬지, 내가 어찌할 수 있는 게 아니었지?
이렇게 걱정이 사라질 때까지 반복하는 거예요.

걱정들이 사라지냐고요? 절대 안 사라지죠!
근데, 분명한 건
'아! 내가 했던 걱정이 정말 손톱의 때보다도
못한 걱정이었구나!'라는 걸 알게 될 때까지는
떠오르지 않게 해줄거예요.

걱정은 사라지는 게 아니에요.
애초에 내가 만들어 낸 허상이었으니,
존재한 적도 없으니까요.

그러니,
오늘도 잘자요.

대나무

대나무처럼 비록,
속은 비었지만 그 어떤 바람에도 흔들리지 않는
단단한 사람이길 바랐고, 그런 줄 알고 살아왔는데

아직 비바람을 덜 맞아서 그런 건지
나라는 나무 자체가 여리고 여린 건지
속은 점점 비어져 휑한데 자꾸 흔들리기만 하네.

점점 보잘것없는 나무가 되는 것 같아.
그 흔한 그늘을 주지도, 햇빛을 받지도 못하는
그런 나무 말이야.

오히려 좋아

언제부턴가 '오히려 좋아'라는 말을
사람들이 쓰기 시작하더라

내 기대와는 전혀 다르게 상황이 전개될 때
일단 내뱉고 보는거지

요즘은 휴일마다 비가 내려.
'오히려 좋아.'

왜?
그 이유를 뱉고 나서 찾는 거야.
이유를 찾으려고 노력하다 보면
꽤 긍정적인 사람이 돼있지 않을까?

도저히 그 이유를 찾지 못할 땐
그 상황이 잘못된 거지 내가 잘못한 건 아니니깐.
나를 힘들게 하지 말자고.

살다 보니,
'오히려 좋아'가 안 먹힐 때가 종종 있더라
좋을 수가 없어. 근데 그건 내가 잘못한 게 아니니깐.
'괜찮아. 괜찮아.' 하면서 토닥거려주면 돼.

바람의 온도

여름으로 넘어가려는
바람이 제법 아직 차다.

마음 한편에 아직 보내지 못한
바람을 잡아두고 있는 것처럼

내 마음도 아직 차갑다.
너나 나나 말하는 여름이 오면

그땐, 시원한 바람처럼
날아가, 따뜻함으로 남아주길.

자기애

누군가 나를 싫어하고 있다는 느낌이
강하게 들 때가 있다.
의심은 결국 '진짜'가 되고 만다.
나는 근거 없는 비난과 시기와 질투들에
유연하고 현명하게 대처하는 능력이 뛰어나다.
흔히 이런 마인드를 '자존감'이 높다고 표현한다.

그런데 자존감이 높아도 기분은 상하고 아프다.
감정은 또 다른 문제니깐. 내 감정은 다친다.
안타깝게도 '자기애' 또한 지나치게 높은 편이라,
모든 사람에게 사랑을 받고 싶어 하니깐.

자기의심에서 '혐오'로 넘어가지 않게 붙잡아 준
'자기애'를 버릴 순 없으니, 난 나를 더 사랑해야겠다.
내 감정이 다쳐도 금방 나을 수 있게 말이야.

엄마의 사주

사주나 타로를 재미로 종종 보는 편이다.
어제도 우리는 오래간만에 사주를 보자며
급 사주카페를 검색하기 시작했고,
안목 커피거리에 차 안에서 사주를 보시는 아주머니를 찾아갔다.

이름과 태어난 시를 묻는다.
내 사주는 늘 좋다. 잘은 모르지만 모든 색이 골고루
들어있다고 하셨다. 돈 걱정도 없고, 오래 산다 고도 했다.
이름도 잘 지어주셨고, 아주 좋은 시간에 나를 나으셨나 보다.

문득, 엄마의 사주가 궁금해졌다.
엄마 이름은 잘 지어주신 이름일까,
엄마가 태어날 때는 나처럼 온전한 축복을 받았을까,
엄마는.... 엄마는....

엄마의 사주에 내가 대운이었길 바랐는데
늘 자랑스러운 아들이 되고 싶었는데
차마 엄마의 사주를 들여다 보기에도 겁이 나버렸다.
엄마가 더 이상 늙지 않았으면 좋겠다.
지금처럼 조승우 한약사님 얘기를 아주 신나게 평생
얘기해 줬으면 좋겠다.

말을 옮긴다는 건

말을 옮길 때에는,
절대 쉽게 판단해서는 안 되고
내 판단이 옳다고 함부로 단정 지어서도 안된다.

말을 옮길 때에는,
그 말뿐만 아니라, 그 말들이 오고 간 상황을
정확히 묘사해야만 한다.

그 상황을 정확히 묘사할 자신이 없다면,
말을 옮겨서는 안 된다.

말이란 단어 하나는 참으로 가볍지만,
말이 옮겨질 때 함께 따라가는 것들은
수백만 가지이므로 참으로 무겁다.

말을 옮긴다는 건,
인생에서 가장 쓸데없는 짓 중 하나다.

먹구름

살다 보면 내 인생에 먹구름이 낀 날이
늘어나고 좀처럼 사라지지 않는다고 느낄 때가 있다.
전체가 먹구름이 아니라 군데군데 낀 것뿐인데 말이야.
온갖 부정적인 생각들에 집중한 탓에
내 시야가 좁아진 건데,
분명, 틈새로 비친 맑고 쾌청한 하늘과 구름도 봤으면서
외면하고 결국 쏟아지는 비를 온전히 맞고 눈물을 쏟아내는
그런 날이 끝나지 않을 것만 같은 날도 있어.

결이 같은 사람

결이 같은 사람이 좋다.

예를 들자면
카톡 대화 중에도 '잠시만! 이따가 다시 연락할게.'
라고 배려해 주는 그런 사람 말이야.

내가 너무 많은 것을 바라나,라는 생각이 들 쯤
나와 결이 같은 사람의 배려가 훅 들어올 때가 있다.
아! 내가 잘못된 게 아니구나,라는 느낌을 주는

작은 배려에 이토록 큰 울림을 받는 내가 이상한 건가,
라는 생각을 잠재워 주는 사람을 만날 때가 있다.

배려에다 크기를 가늠하지 말아야겠다.
작은 배려는 없다. 먼지만 한 배려라도
받고 싶은 세상에서 살고 있으니 말이야.

나와 결이 같은 사람들만 곁에 두고 살고 싶다.

가을이 주는 온도

내게 맞는 적당한 온도를 찾는 일이
제법 어려운 게 아니다.

요즘같이 더운 여름날, 더위를 피해
들어간 가게들의 온도는 살짝 불편하다.
에어컨이 만들어 낸 온도는 내게 맞지 않다.
냉방병에 적응하고 있는 내 몸이 대견할 뿐.

오늘 새벽에 내게 적당한 온도를 찾았다.
적당한 차가움과 따뜻함의 온도
그렇게 가을이 오고 있음을 느꼈던 새벽이었다.

올해는, 가을이 내게 주는 선물 같은 온도를
온전히 느끼면서 하루하루를 살아야겠다.
점점 소중해지는 가을이니깐.

너무 차갑거나 너무 뜨거운 관계에도
오늘 새벽같은 온도를 찾을 수 있길.

센서티브

인간관계에 있어 소심한 게 아니라,
그만큼 타인을 공감하고 배려하는 거예요.

작은 것에 상처도 많이 받지만,
누구보다 작은 것에 크게 행복함을 느껴요.

덤덤하고 대범해 보이는 사람들의
아무렇지 않은 무례함에 상처도 받고요.

그들에게 상처받지 않기 위해
아등바등 마음을 조이고 닫기도 해요.

그런 저는,
예민한 게 아니라 센서티브 한 사람입니다.

내가 지닌 타고난 이 민감함은
신이 주신 최고의 감각입니다.

비교

'비교하다'
: 둘 이상의 사물이나 현상을 견주어 서로 간의
공통점, 차이점 따위를 밝히다.라고 정의되어 있다.

여태껏 정의를 잘못 알고 있었네,
죽었다 깨도 내가 가질 수 없는걸
아무렇지 않게 갖고 있는,
나와는 너무 다른 너를 보며
비교하고 있었으니,

공통점을 찾으려고 노력하면
닿을 거 같지 않았던 네게
조금은 용기 낼 수도 있으려나, 그러면
나도 그들 무리에서 숨 쉴 수 있으려나

아주 가끔,
이곳이 너무 지칠 때면 말이야
공통점을 찾기도 버거울 때,
그럴 땐 그냥 애써 잡고 있는 걸
다 놔버리고 싶을 때가 있어.

소용돌이

진정한 강인함은 감정에 저항하는 게 아니라,
그 감정의 무게를 견디는 것이라는
글을 읽은 적이 있다.

그 누구보다 내게 닥칠 상황을 민감하게 받아들이고
그로 인해 따라오는 감정들이 나를 마구 흔든다.

마치 흔들의자처럼 흔들리기만 할 뿐
한 발짝도 진전이 없다.

마음속에서 소용돌이치는 이 감정들이
잠잠해지기만을 기다리기만 하는 내가

나약한 게 아니라 강인한 사람이었다는 걸
이제 알았으니, 지금 이 소용돌이에
휘둘리지 말고 강해지는 과정이라 생각하고
한 발짝씩 나아가 보자.

추억은 아무런

'추억은 아무런 힘이 없다'라는 말이,
나를 많이 슬프게 한 나날들이 있었다.
돌아보니, 내겐 나쁜 기억이 별로 없다.
그래서 모든 기억들이 '추억'이란
예쁜 이름으로 반짝였다.

나쁜 기억도 어떻게든 좋은 기억으로
포장하려 참 많은 노력을 했고,
애써 만들어낸 추억들을 방패 삼아
나를 달래고, 우리를 토닥였다.

돌아보니, 내가 만든 그 추억 안에는
나만 살고 있었더라고,
나를 위해, 섣불리 조작해 온 기억들이
조각나 흩어져 주워 담기도 버거울 때,

그 말에 고개를 끄덕이게 돼.

꼬리

생각의 꼬리가 여간 잘 끊어지질 않는다.
꼬리를 물고 또 물어서 똬리를 틀어
내 숨을 조여온다.

내가 살기 위해서
꼬리를 끊는 연습을 수없이 해왔다.
쉽게 끊어지지 않는 꼬리에 몸서리치기도 했다.

내가 쉽사리 끊어내지 못하는 이 꼬리가
실은 얼마나 헐겁고 가벼운지는
아플 만큼 다 아프고 나서야 깨닫는다.

뒤늦게 깨우친 이 사실을
또 망각한 채, 난 아직도 꼬리와 싸우며
하루하루 살아가고 있다.

콩그레이츄레이션

살면서 '축하해'라는 말을
수없이 주고받아왔다.

그 속에 담긴 진심의 무게를
측정하고 싶지 않았다.

적어도 줄 때만큼은
온전히 가득 채워 전하고 싶었다.

'사랑해'만큼의 무게는 아니더라도
적어도 가볍진 않았으면 해.

진심을 다해 건네도
내게 남은 여유가 부족하지 않게 살길.

기대라는 언덕

기대는 온전히 내 몫이다.

상대방 동의 없이,
내가 만들어 낸 감정 꼭대기다.

내가 오르지 못할 만한
기대를 쌓아 저만큼 멀어진
꼭대기를 보고 허탈해 말아라.

기대라는 감정은 온전히 내 탓이다.

높은 꼭대기를 만든 것도 나고,
눈높이를 위로만 치켜세운 것도 나니깐.

내가 올라갈 만큼의 꼭대기가 아니라고
내 눈높이를 맞춰주지 않았다고
슬퍼도, 울지도, 주저앉지도 말아라.

웃으며 할 수 있는 이야기

웃으며 할 수 있는 이야기 앞에는,
'이제는'이 앞에 먼저 나선다.

'이제는'이란 말에 담긴 긴 시간 동안
겪었을 고통과 슬픔이 고스란히 전해진다.

대화를 하다 문득, '이제는 웃으며 말할 수 있어'란 말을
자주 하거나 듣곤 한다.

말할 때는 애써 멋쩍은 웃음을 보였기에,
들을 때는 차마 눈물을 쏟을수 없었기에,

우리는,
긴 시간 동안 잘 버텨온 서로를 토닥이며
이제는 웃으며 할 수 있는 이야기가
지금의 우리를 더 멋지게 만들었다고 믿으며
서로를 자랑한다.

1등

나는 태어나 단 한 번 달리기 1등을 한 적이 없다.

어느덧 만 3세가 된 조카의 표정은
제법 비장했다. 인생에서 처음으로 순위가 매겨지는
순간이었을 테니깐. 내게 '1등이 아니어도 괜찮아'는
1등이 아닌 결과를 받아들일 때나 필요한 말이었다.
그 작은 보폭으로, 세상 비장한 표정으로
결승선을 향해 달려오는 조카를 보는 내내
'1등'이길 바랬다.
그렇게 내 기대를 저버리지 않고 당당히 '1등'을 해주었다.

그날 밤, 목욕을 마치고 침대에 누워 조카와
오늘 하루를 돌아봤다.
'만세야, 오늘 가장 신났던 일이 뭐야?'
당연히 달리기 1등을 얘기할 줄 알았지만
만세는 우리 청팀이 1등 한 거라고 얘기했다.

그리고 나서 손등에 남은 희미해진 1등 자국을 보더니,
'아직 안 지워졌네? 빨리 지워졌으면 좋겠다.'라고 했다.
그래서,
'왜? 오래 남아있음 기분 좋잖아! 1등이니깐!'라고 물으니,
'또 1등 하면 되잖아! 1등 안 해도 괜찮아!'라고 말하는 조카 말에
순간 머리가 멍해지고 무슨 말을 해야 할지 몰라 꼬옥 안으면서
'맞아! 1등 안 해도 괜찮아!'라고 조카 말을 그대로 따라 읊조렸다.

1년

1년이 또 지나간다.

급하고 조급한 마음으로
보낸 1년의 끝자락에 서있다.

'찰나'일 줄만 알았던 가을은
제법 느리게 가는 것만 같다.
수능 전날이 이리도 따뜻한 거 보면 말이야.

급하게 사람들과 인연을 맺는 바람에
가끔은 체하기도 했던 내게,
오늘 내가 본 가을 풍경은 소화제였기에

남은 12월은
조금은 천천히, 여유로운 풍경이길.

망상

내 걱정의 팔 할은
내가 만들어 낸 생각들이
꼬리를 물고 물어 만들어 낸 망상이다.

말 그대로,
이치에 어그러진 생각 그물이다.

나를 가장 힘들게 하는 사람은
그 누구도 아닌,
늘 나였다.

합격과 당첨

십몇 년 만에 '합격'이란 글자를 두 눈으로 봤다.
어쩌다 보니 제자 놈의 대학 합격 소식을
내가 제일 먼저 확인하게 된 거지.

살면서 '합격'이란 글자를 또 볼 날이 오려나,
난 앞으로 두 글자를 보기 위해
무언가를 열정적으로 노력하며 살 수 있을까,
지금 고대하던 대학에 붙었던 그 학생처럼 말이야.

공교롭게, 난
그날 '당첨'이란 두 글자도 보게 됐는데,
로또 5등, 5천원이 당첨이 돼버린 거지.
1의 노력과 열정 없이 그냥 앞으로
'당첨'이란 글자만 바라고 살 것만 같아서.

'합격'을 바라던 그때의 나는
누구보다 빛났고
'당첨'을 바라는 지금의 나는
그 흔한 누구 중의 하나였다.

5등이라 그런가,
1등에 당첨되면 그때의 나처럼 빛나려나,
빛나더라도 말이야,
아주 잠깐일 것만 같아.

소심한 사람들의 용기

소심한 사람들이 용기를 낼 때가 있다.
그들의 용기는 매우 친절하며,
한편으로는 그 조차도 매우 소심하기 짝이 없다.

그들의 마음 한켠의 불편함을
참고, 견디다 내뱉은 말에
감히 '용기'라는 이름을 지어본다.

그렇게 내뱉기까지 그들의 마음이
얼마나 불안하고 떨었는지를
조금은 헤아려주길 바랐는지도

내뱉지 않으면 내가 죽기에
살기 위해 아등바등 졸여가며
내뱉은 용기에, 돌아오는 말들이

부디, 친절하기를.

2년(졸업)

'졸업을 축하합니다.'

그래, 분명 축하할 일이지.
뜨겁게 1년을 보내고
다소 한 발짝 떨어져 또 1년을 보냈던

애증에 눈물도 흘려봤고,
기대에 와르르 무너져도 봤던
2년이란 시간이 거짓말처럼
순간의 찰나 같았던.

내일 나는 두 발짝 떨어져
너희의 졸업을 축하하려 해.
정말 오랜만에 꾹 참고 말이야.

졸업을 축하한다.

또 한번 사랑은 가고

스쳐 지나갔다고 하기엔,
너무 깊은 잔향을 남겼고

깊이 들어왔다고 하기엔,
내가 너무 해준게 없었고

사랑은 둘이 하는 거라
감히 사랑이라 입 밖으로 내뱉지 못했지만

그렇게 또 한 번 사랑이 가고 나서야
이제야 사랑이었구나.라고 말할 수 있는

또 한 번 사랑은 가고.

한 끗 차이

행복과 불행은 어쩌면
한 끗 차이일지도 몰라.

'행복하다'를 입에 달고 사는 내가
이렇게 지금 불행하다고 느끼고 있는 거 보면 말이야.

이년에, 인연을

짧은 이년에
깊은 인연을,

양양하면 제일 먼저 떠오를 너희들과
관사에서 함께 동거동락한 선생님들
좋은 습관을 더욱 빛나게 해 준 장소들

가슴 깊이 간직하겠습니다.
감사했습니다.

봄의 한계

찰나 같아 찬란했다고 말했던 봄을
온전히 느끼기에,
내게 3월은 너무나 사악하다.

사계절 중 가장 짧은 계절에
이토록 사람들이 열광하는데
나라는 사람 하나 품지 못했기에,

나는 이를 봄의 한계라 불러본다.

행복의 근원

내가 아닌, 타인의 감정 때문에
내 하루를 망친 날이 많았다.

그날, 나는
여느 날처럼 새벽에 일어나 수영을 했고
10분의 시간을 들여 독서도 했다.
출근을 해서 내가 할 수 있는 최고의 수업을 했고
최대한 다정하게 동료들을 대하려고 노력했으며
퇴근하자마자 헬스장으로 또 출근을 했다.

이 모든 걸 완벽하게 했는데도 불구하고,
자꾸만 타인의 시선이 내 하루 끝에 머문다.

난 앞으로 내가 어찌할 수 있는 것들에만
초점을 두고, 내 기분을 정하려고 한다.
내가 어찌할 수 없는 것들에 더는 그만 휘둘리고 싶다.

매일같이 저것들을 해낼 수 있는 내 성실함과
그로 인해 내게 선물처럼 주어지는 성취감을
내 행복의 근원으로 삼으려고.

나를 행복하게, 불행하게 하는 건
타인이 아니라 오로지 나 자신이니까.

예의

'예의도 지능이다.'

오늘 읽은 책에서 그러더라.
아무렇지 않게 무례했던 그들에게
상처받고, 속상했던 내가 부끄러워졌다.

애초에 지능이 낮은 사람들한테
뭘 바랐던 거야.

네 행복관

'난, 나로 인해 주변 사람들이 행복해하는 데에서
행복을 느껴.'

'어느 정도의 희생? 내가 희생함으로써
내 가까운 사람들이 행복하면 나도 행복해.'

네 행복관을 듣고, 곰곰이 생각해 봤어.
희생과 행복이 하나의 선에 연결될 수 있는 거였구나.
희생의 끝이 행복이라니,

내가 우선이고, 내가 행복해야지만
주변 사람들도 행복할 수 있다고 늘 말해왔는데,
'희생'이란 단어는 내 행복관에 단 1도 등장하지 않더라.

어쩜, 내 행복은 주변을 돌아보지 않았을 수도
있겠구나, 라는 생각이 들었어.
조금은 얄미웠을지도.

아침형 인간

매일 내 하루의 시작과 끝을
시시콜콜하게 보고하는
오래된 친구가 있다.

오늘도 어김없이 오전 9시가 되기도 전에
'수영하고 카페 와서 글 쓰려고'라고 톡을 보냈고,
'넌 하루가 참 길겠다.' 라는 톡이 왔다.

아침형 인간이어서 좋은 건,
'아침형 인간이라고 우쭐대는 거 밖에 없다.' 라고
말하는 쇼츠를 본 적이 있다.

나는 남들보다 하루의 시간을
덤으로 더 받은 기분으로 매일을 산다.
조금의 의지와 노력이면 하루의 덤이 생기니
내 인생은 늘 플러스이다.

하루의 덤들이 쌓여 만들어진 큰산이
그들에겐 우쭐대는 것처럼 보였겠지만 말이야.

진짜 마음

마음으로 뭔가를 하는 건 참 어렵다.

'마음먹기'는 나이가 들수록
정말이지, 어렵다.

내 장점이었던,
마음을 표현하는 것 또한 쉽지 않다. 점점.

마음 중에서도 진짜 마음인,
'진심'을 표현하는 건,
아마 이제 못할 수도 있지 않을 거란 생각도 든다.

오늘 한 학생으로부터
그렇게 어려운 '진심'을 들었다.
'진심으로 선생님 보고 싶습니다!'

이 말을 하기까지
얼마나 어려웠을지 잘 알기에,
더 고맙고, 애틋하다.

그래도 표현을 잘해야,
사랑받는 멋진 남자가 될 수 있다는
말을 끝으로 대화를 끝냈다.

생각회로

'나는 평소 긍정적인 사람이다.'
라고 말하기도, 듣기도 하는 편인데,

아직 일어나지 않은 상황에서는 늘 부정적이다.
걱정, 불안, 소심함 같은 하찮은 것들이
꼬리에 꼬리를 물고 무한 회로를 돌아버린다.

막상 그 일이 일어나버리면
'긍정의 힘'으로 잘 헤쳐나갈 자신이 있다.
그래왔고, 아무렇지 않게 털어버렸다.
아마 이런 내 모습을 지켜본 사람들이
나를 긍정적인 사람으로 평가 해왔을 거다.

문제는 아직 일어나지 않은 일이다.
이 상황에 난, 왜 이토록 부정적일까?
내 상상력에 박수를 쳐줄 정도로 지독하게 풍부할 때가 있다.

망상은 온통 부정적으로 해놓고, 이걸 또 해결하려고
수백 가지 해결책을 세워 놓고 있으니
이 얼마나 정성스러운 짓거리를 하고 있는 건지.
내 정성에 하늘도 감동받았는지
항상 내가 한 망상은 일어나지 않는다.

이 그지같은 생각회로를 멈추려면, 아직 일어나지 않은 일에 대해서도
긍정적으로 생각하도록 노력해야 하지 않을까?
그럼, 뼛속까지 긍정적인 사람이 될 수 있을 거야.

물 위에 떠 있는 것들

물 위에 떠 있는 것들은
하나같이 느린 듯하다.
분명 조금씩 흘러가고 있지만
멈춘 것 마냥 고요하다.

지금까지 열심히, 바삐도
달려왔으니 말이야.
이젠 물 위에 떠있는 것들 마냥
조금씩 흐르나, 누군가에겐
항상 그 자리 그대로 있어주는

그렇게
물 위에 떠 있는 것들처럼
살고 싶다. 이젠

시선의 채

'너는 시선의 채가 참 촘촘한 거 같아.'

나를 아주 좋게 보고 있는 지인이
해준 아주 멋진 말이다.

시선의 채가 촘촘하다니....
그래서인지, 하루에 올리는
인스타 스토리 또한 매우 촘촘하다.

매일 반복하는 루틴만 올려도
4-5개 스토리는 기본이다.
거기에 내 하루를 더욱 빛나게 해 준,
내 시선의 채에 걸러진 것들을 더하면
마치, 절취선 모양일 때도 있다.

SNS를 인생의 낭비라고 말하는 누군가에겐
나는 그저 한낱 관종일 테지만,
분명 내 삶을 보고 자극받는 이들이 있다는 건
확실히 알고 있기에,

앞으로도
그냥 이렇게 선한영향력을 주는
멋진 관종으로 살 예정이다.